¿Oso negro oso pardo?

Un libro de comparaciones y contrastes

por Chris Schmitz

Los osos son mamíferos que pertenecen a la familia de los úrsidos. Hay ocho especies diferentes de osos que viven actualmente en la Tierra: oso negro asiático, oso pardo, panda gigante, oso negro norteamericano, oso polar, oso perezoso, oso frontino, y oso malayo.

Oso negro asiático

Oso pardo

Panda gigante

Oso negro norteamericano

Todos tienes cuerpos grandes con piernas cortas, orejas redondeadas, pelaje grueso y uñas pequeñas. Caminan sobre las plantas de todas sus patas. Los osos tienen cinco garras en cada pata que no se pueden retraer como las de los gatos.

En Norteamérica hay tres especies de osos: el oso pardo, el oso negro, y el oso polar.

Oso polar

Oso perezoso

Oso frontino

Oso malayo

Los osos negros en Norteamérica están divididos en 16 subespecies basadas en las diferencias menores de su aspecto y ADN. Algunos de sus nombres comunes incluyen osos negros del este, oso Kermode, oso canela, y oso negro glaciar, pero todos son osos negros.

Los osos negros viven en una gran cantidad de hábitats por toda Norteamérica. Estos incluyen bosques, pantanos, y prados montañosos.

Oso negro del este

Oso Kermode

Oso canela

Los osos pardos en Norteamérica están divididos en tres grupos basados en cómo lucen y dónde viven: osos Kodiak, osos grizzly, y osos pardos costeros.

Los osos grizzly se encuentran en las zonas interiores de Norteamérica. Generalmente viven en bosques densos, prados montañosos altos, y valles montañosos.

Kodiak

Oso grizzly

Oso pardo costero

Al igual que los humanos, los osos tienen el pelo de colores diferentes—¡incluso los hermanos y hermanas!

A pesar de ser llamados osos negros por el color de su pelaje, no todos los osos negros son negros. Pueden ser castaños, canela, rubios o con una combinación de pelos claros y oscuros. Un grupo de osos negros en Columbia Británica, Canadá, llamados osos Kermode u osos espíritu, son blancos.

Una madre osa negra de color castaño con sus cachorros negros y canelas.

Madre Kermode con cachorro negro.

Multicolores

Los osos grizzly tienen ese nombre por los pelos plateados, con inclinación al rubio, que tienen en sus espalda y hombros. No todos los osos grizzly son "canosos", pero sí existen de muchos colores.

Pueden ser desde rubios pálidos hasta rubios rojizos, marrones claros, castaños oscuros, o casi negros.

Canoso

Rubio

Negro

Castaño

De lado, los osos negros tienen una línea recta desde la frente hasta la punta de la nariz, y lucen más como un perro.

Sus bocas generalmente son de color castaño claro. Los osos negros tienen orejas grandes que son largas, levantadas y puntiagudas. También tienen un pelaje más plano y corto con relación a los pardos.

Los osos negros tienen garras cortas, oscuras y pronunciadamente curvas. Sus garras tienen de una a dos pulgadas de largo.

Las usan para desgarrar troncos podridos en busca de insectos, excavar superficialmente, hacer madrigueras y escalar árboles.

De lado, los osos pardos tienen la cabeza en forma de plato. Tienen una curva que va entre sus ojos hasta el final de su nariz.

Sus bocas son amplias y fáciles de ver. Sus ojos lucen bastante cercanos entre sí.

Los osos pardos tienen orejas pequeñas y redondeadas cuando se les compara con el tamaño de su cabeza. Su pelaje es más largo y esponjoso que el los osos negros.

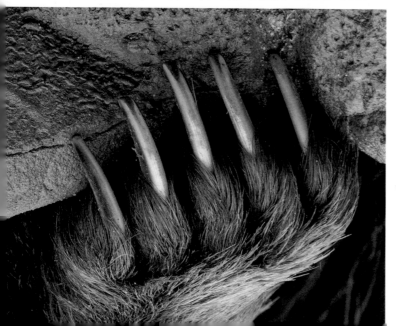

Los osos pardos adultos tienen garras ligeramente curvas. Sus garras pueden tener de dos a cuatro pulgadas de largo. Usan sus uñas para excavar en busca de raíces, hacer madrigueras y descubrir presas pequeñas como larvas y liebres silbadoras.

Los osos negros no tienen jorobas en los hombros.

Cuando están sobre sus cuatro patas, su grupa es más alta que el resto del cuerpo.

Los osos pardos tienen músculos del hombro bien desarrollados para cavar y voltear rocas. Sus músculos lucen como una joroba grande entre sus hombros frontales.

Cuando están sobre sus cuatro patas, la grupa de un oso pardo es más baja que su joroba.

Los osos tienen buena vista y pueden ver a color. Su sentido del olfato es excelente. Los investigadores rastrearon a un oso negro por tres millas, el cual estaba siguiendo el aroma de un venado muerto Usan su sentido del olfato para encontrar alimentos y parejas, detectar peligros y explorar.

Tanto los osos negros, así como los pardos, se pararán sobre sus patas traseras para ver y olfatear sus alrededores.

Ambos osos son omnívoros, lo que quiere decir que comen plantas y carne. Comen muchos alimentos hacia el final del verano y en otoño. Almacenar grasa les ayuda a pasar los meses fríos del invierno.

Los osos negros comerán cualquier cosa que encuentren. Comen hierbas, raíces, bayas, insectos, peces y mamíferos.

La dieta de un oso negro es de 90% de plantas y 10% de proteínas (carne).

10%

90%

Al igual que los osos negros, los osos pardos también comen hierbas, raíces, insectos y peces. También cazan venados, alces y bisontes jóvenes. También hurgan entre presas de los lobos.

La dieta de un oso pardo es de 75% de plantas y 25% de proteínas (carne).

25%

75%

Justo antes de las nevadas fuertes de invierno, los osos encuentran o cavan una madriguera grande en la que duermen durante casi todo el invierno. Mientras duermen, su metabolismo se ralentiza para ayudarles a guardar energía para cuando la comida sea escaza.

Los osos negros y pardos pueden quedarse en sus madrigueras por un promedio de seis meses, dependiendo del clima.

Si una osa hembra está embarazada, da a luz a sus cachorros en su madriguera. Los osos macho están en madrigueras diferentes, durmiendo y esperando la llegada de un clima más cálido y el crecimiento de las plantas.

Ambos tipos de osos (negros y pardos) tienen entre 2 a 4 cachorros por vez. Los pequeños cachorros tienen unas ocho pulgadas de largo y al nacer pesan menos de una libra, más o menos el mismo tamaño y peso de una lata de refresco. Los cachorros son indefensos al nacer y no pueden ver, oír, oler, caminar y no tienen dientes.

Los cachorros crecen rápidamente al alimentarse de la leche rica en grasas de sus madres. En primavera ya están listos para dejar la madriguera, jugar y trepar.

Las osas continúan alimentando a sus bebés con leche. Mientras crecen, ellas les enseñan cómo encontrar otros alimentos y mantenerse seguros. Los cachorros de osos negros se quedan con sus madres durante al menos un año después de nacer. Los cachorros de osos pardos se quedan con sus madres por unos tres años antes de seguir por su cuenta.

Los osos juegan un papel fundamental en el medioambiente. Al ser omnívoros se alimentan de animales y plantas.

Al ser depredadores, ayudan a mantener el balance en el número de roedores, venados y alces. Y limpian cadáveres que dejan otros depredadores.

Al alimentarse de plantas y bayas ayudan a esparcir semillas cada vez que dejan una pila de excrementos fertilizantes.

A las personas les gustan los osos porque muchas de sus expresiones y comportamientos nos recuerdan a nosotros mismos. Pero algunas veces nuestro amor por los osos nos pone en problemas a ambos.

Las personas olvidan lo poderoso que puede ser un oso y algunas veces se acercan mucho, lo que puede causar que el oso se defienda. Los osos que se acercan mucho a las personas son llamados osos molestos y generalmente son reubicados o destruidos.

Nuestras acciones pueden ocasionar una visita indeseada de un oso. A los osos les gustan los alimentos de los humanos, y cuando no somos cuidadosos con nuestra comida, con los comederos para aves y con la basura en territorio de osos, estos pasarán en busca de una merienda. Para asegurarse de que los osos se mantengan seguros en contra de las acciones de los humanos, todos necesitamos tomarnos el tiempo para informarnos sobre los osos y ser campeones para la vida silvestre.

Para las mentes creativas

Matemática de osos

Cuando se paran sobre sus patas traseras, los osos negros adultos pueden tener de cinco a seis pies de altura (1,5 a 1,8 metros). Pueden pesar entre 100 y 600 libras (45 a 272 kilogramos).

Los osos pardos adultos tienen de seis a ocho pies de altura (1,8 a 2,4 metros) al pararse sobre sus patas traseras. Pueden pesar entre 300 y 600 libras (45 a 272 kilogramos). ¡El oso pardo más grande visto y registrado tenía más de diez pies (3 metros) de altura!

¿Qué tan alto eres tú?
¿Cuánto pesas?
¿Qué tan alto es un adulto que conozcas?
¿Cómo se comparan esos pesos y tu peso con un oso negro y un oso pardo?

Los osos negros y pardos son corredores rápidos gracias a sus poderosas patas delanteras. Ambos pueden alcanzar una velocidad máxima de 35 millas (56 kilómetros) por hora. Eso es más rápido que un corredor olímpico y un caballo de carreras a máxima velocidad. *¿Crees que puedes ganarle en una carrera a un oso?*

Dientes de osos

Los osos negros y pardos tienen 42 dientes diseñados para ayudarles a comer una dieta de plantas, hojas, frutos secos, bayas, insectos y algo de carne. Esos son diez dientes más con relación a una persona adulta.

Utilizando la información de más abajo, ¿puedes encontrar los dientes en las calaveras?

Los dientes frontales de los osos son **incisivos**. Estos dientes tienen la forma de los de nosotros, a excepción de que los de los osos tienen casi todos del mismo tamaño. Los osos usan estos dientes para recortar y desgarrar hierbas y otras plantas emergentes. También pueden usarlos cuando cortan carne.

Los dientes largos y puntiagudos son los dientes **caninos**. Usan sus caninos para atrapar presas, romper troncos abiertos y defenderse.

Detrás de sus dientes caninos hay cuatro **premolares** en la mandíbula superior. La mayoría de los osos no tienen dos de sus premolares a cada lado de su mandíbula inferior. Este espacio les ayuda a quitar hojas de las ramas mientras tiran del tallo a través de la brecha.

Tienen dos **molares** a cada lado de su mandíbula superior y tres molares a cada lado de la mandíbula inferior. Al igual que nuestros dientes, los osos usan sus molares para triturar y moler materiales de plantas, y para masticar carne.

¿Puedes encontrar cada tipo de diente en tu boca?
¿Cuáles son similares? ¿Cuáles son diferentes?

humano

¿Verdadero o falso sobre los osos?

Utilizando lo que leíste en el libro, determina si las siguientes afirmaciones son verdaderas o falsas.

1 Los osos son mamíferos que viven en una variedad de hábitats, incluyendo bosques, pantanos y prados montañosos	**2** Hay tres especies de osos nativos de Norteamérica.
3 Los osos negros son siempre negros.	**4** Los osos pardos pueden ser castaños, rubios, pelirrojos o incluso negros.
5 Los osos pardos tienen garras más largas que los osos negros.	**6** Los osos tienen buena vista y un sentido del olfato excelente.
7 Los osos negros y pardos solo pueden pararse y caminar sobre cuatro patas	**8** Los osos negros son omnívoros, pero comen más plantas que animales.
9 Los osos pardos son omnívoros, pero comen más plantas que animales.	**10** Los osos que se acercan mucho a las personas generalmente son reubicados o destruidos.

Respuestas: 1-Verdadero; 2-Verdadero: son pardos/castaños, negros y polares; 3-Falso: Pueden ser negros castaños, canela, rubios o una combinación entre pelo claro y oscuro; 4-Verdadero; 5-Verdadero; 6- Verdadero; 7-Falso: Se pueden parar sobre dos o cuatro patas; 8-Verdadero; 9-Verdadero; 10-Verdadero

Datos divertidos acerca de los osos

Los osos negros pesan 30 por ciento más en otoño que en primavera.

Los osos pardos son superdepredadores, lo que significa que están en el tope de la cadena alimenticia que no tiene depredadores naturales.

Los osos que viven en zonas de clima frío en invierno no hibernan realmente. Sí se duermen durante la mayor parte del invierno, pero pueden despertarse si las personas se acercan demasiado a sus madrigueras.

Los osos negros y pardos son usados en relatos, caricaturas y símbolos publicitarios. Algunos de los osos más famosos están enumerados abajo. *¿Puedes pensar en otros?*

- Los osos Yogi y Boo Boo son osos pardos de las caricaturas que viven en Jellystone Park.

- Los tres osos de Ricitos de oro y los tres osos son osos pardos.

- Baloo, el amigo de Mowgli en el Libro de la selva, está inspirado en un oso perezoso.

- El oso Smoky, que se convirtió en el símbolo de una campaña del Servicio Forestal de los EE.UU. para detener los incendios forestales, era un cachorro real de oso negro que quedó huérfano y herido en un incendio forestal.

- Los cuentos de Winnie the Pooh comenzaron con un oso negro real llamado Winnipeg (en honor a la capital de Manitoba, Canadá), nombre acortado como Winnie. El teniente Harry Coleburn compró el oso en Manitoba, Canadá, luego de que falleciera su madre. Winnie se convirtió en la mascota no oficial de su regimiento en la Primera Guerra Mundial. Luego de la guerra, Winnie vivió en el Zoológico de Londres, donde el hijo de A.A. Milne, Christopher Robin, lo vio y llamó a su osito de peluche Winnie the Pooh en su honor.

Los koalas generalmente son llamados "osos koala", pero realmente son marsupiales (al igual que los canguros).

El oso grizzly está amenazado en la zona limítrofe de los Estados Unidos y en peligro de extinción en partes de Canadá.

Los osos negros norteamericanos no están amenazados o en peligro de extinción.

El oso Kermode es uno de los animales más raros del mundo. Solo hay 400 de ellos viviendo en su hábitat natal de Canadá.

Oso Kermode

Este libro está dedicado a mis padres por dejarme correr libremente al aire libre, a mi hermana por compartir mis aventuras, y a todos aquellos que protegen la vida silvestre y la naturaleza. —CS

Gracias a Jesse Daniel, Sr. Manager of Engagement del Birmingham Zoo por verificar la información en este libro.

Todas las fotografías son licenciadas mediante Adobe Stock Photos o Shutterstock.

Library of Congress Cataloging-in-Publication Data

Names: Schmitz, Chris, 1963- author.
Title: ¿Oso negro u oso pardo? : un libro de comparaciones y contrastes /
  por Chris Schmitz.
Other titles: Black bear or grizzly bear? Spanish
Description: Mt. Pleasant, SC : Arbordale Publishing, [2023] | Series:
  Compare and contrast series | Translation of: Black bear or grizzly
  bear? | Includes bibliographical references.
Identifiers: LCCN 2022051360 (print) | LCCN 2022051361 (ebook) | ISBN
  9781638172635 (paperback) | ISBN 9781638170020 (interactive
  dual-language, read along) | ISBN 9781638172819 (epub, read along) |
  ISBN 9781638172758 (PDF, basic)
Subjects: LCSH: Black bear--Juvenile literature. | Grizzly bear--Juvenile
  literature.
Classification: LCC QL737.C27 S27418 2023 (print) | LCC QL737.C27 (ebook)
  | DDC 599.784--dc23/eng/20221110

English title: **Black Bear or Grizzly Bear? A Compare and Contrast Book**
English paperback ISBN: 9781643519838
English ePub ISBN: 9781638170402
English PDF ebook ISBN: 9781638170211
Dual-language read-along available online at www.fathomreads.com

Spanish Lexile® Level: 920L

Bibliography

"All about Black Bears. Learn the Bear Facts and Common Myths." Bearwise.org, bearwise.org/all-about-black-bears/.
"Black Bears - Bears (U.S. National Park Service)." Www.nps.gov, www.nps.gov/subjects/bears/black-bears.htm.
"Brown Bears - Bears (U.S. National Park Service)." Nps.gov, 2017, www.nps.gov/subjects/bears/brown-bears.htm.
"Grizzly vs Black Bear | Know the Difference." BearSmart.com, www.bearsmart.com/about-bears/know-the-difference/.
"What's the Difference between Black Bears and Grizzly Bears?" Yellowstone Bear World, 10 May 2017, yellowstonebearworld.com/whats-difference-black-bears-grizzly-bears.

Elaborado en los EEUU
Este producto se ajusta al CPSIA 2008

Arbordale Publishing
Mt. Pleasant, SC 29464
www.ArbordalePublishing.com